L'ABBÉ HÉRACLE FRÉTEAU DE PÉNY

1814 — 1889

MEAUX

A. LE BLONDEL, IMPRIMEUR-LIBRAIRE DE L'ÉVÊCHÉ

RUE SAINT-REMY, 2, ET PLACE DE LA CATHÉDRALE

—

1889

M. L'ABBÉ FRÉTEAU DE PÉNY

1814 — 1889

Nous avons annoncé que la mort avait enlevé au diocèse et à sa noble famille, le 19 juin dernier, M. l'abbé Fréteau de Pény, chanoine honoraire de la cathédrale de Meaux. ancien aumônier de l'école normale primaire de Melun.

Avant de donner, selon notre coutume, une notice qui le fasse connaître, nous avons dû recourir à des renseignements sûrs, pour compléter les détails dont nous étions déjà en possession sur ce cher et vénéré confrère.

Nous offrons aujourd'hui ces quelques lignes à sa mémoire et à l'édification de nos lecteurs.

L'abbé Emmanuel-Marie-Héracle Fréteau est né à Paris le 11 février 1814. Son père, M. le baron Fréteau de Pény, fils d'un conseiller au parlement victime de la révolution de 93, était en dernier lieu conseiller à la cour de cassation, élevé à cette dignité après avoir passé par les degrés divers de la magistrature.

Madame la baronne Fréteau était une des trois filles de la pieuse et charitable Madame Dassy, dont le souvenir est vivant et béni dans la ville de Meaux.

Napoléon le grand disait que l'avenir d'un enfant est toujours l'ouvrage de sa mère. L'admirable mère que la Providence avait donnée à M. Héracle Fréteau a voulu présider à l'éducation première de ses enfants.

De quel heureux succès a été béni ce dévouement maternel, si bien compris de cette femme vraiment *forte* à qui une foi vive et éclairée donnait au plus haut degré l'intelligence de ses devoirs ! Ses quatre enfants, par la fermeté de leurs principes, ont fait sa joie et sa couronne.

Le jeune Héracle, élevé, instruit à la maison paternelle, ne l'a quittée qu'après sa première communion. Mais aussi, quelle première communion a-t-il faite, après avoir été conduit exactement aux catéchismes modèles, établis et dirigés à l'*Assomption* par M. Dupanloup !

La piété fervente de Madame Fréteau avait passé dans l'âme de son cher enfant ; la bonne mère, aidée par M. Dupanloup, pouvait espérer qu'il resterait *inébranlable dans la voie du Seigneur*. Elle consentit à le mettre au collège royal de Louis-le-Grand pour y achever ses études. Ses espérances n'ont pas été trompées : le collège ne lui a pas été funeste. Chaque dimanche, au reste, obtenant toujours la sortie de congé par sa bonne conduite, Héracle Fréteau continuait à suivre les conférences religieuses de cette *Académie de Saint-Hyacinthe*, qui a formé en France, par le zèle de M. Dupanloup, une légion de vaillants chrétiens.

— Une nomination au grand concours l'a signalé, à la fin de sa rhétorique, comme un élève d'élite.

L'étude du Droit s'imposait en quelque sorte à un fils de famille, au fils d'un magistrat, comme le complément de toute étude, et facilitait l'entrée dans toute carrière. Héracle Fréteau prit ses inscriptions à l'Ecole, s'appliqua consciencieusement à suivre les leçons des plus illustres professeurs de cette époque, sans quitter la maison paternelle, sans jamais avoir la moindre velléité de se soustraire aux regards si tendres, si pleins de sollicitude de sa mère.

— Sa mère !... Disons-le tout de suite, il avait pour elle un véritable culte dont il ne se départit jamais, culte de haute estime, bien mérité, mais aussi culte d'amour et de dévouement qui était l'âme et faisait le bonheur de sa vie. On s'est demandé plus d'une fois, dans sa famille, pourquoi après avoir fait son Droit, passé avec honneur tous ses examens jusqu'à la *Licence,* il n'a pas choisi tout de suite une carrière? La magistrature, la diplomatie s'offraient à lui avec des perspectives avantageuses. La haute position de M. le baron Fréteau et de beaucoup de membres de sa famille, d'illustres connaissances et enfin son propre mérite lui facilitaient la voie vers une position distinguée dans le monde.

La piété filiale, l'amour de sa bonne mère et aussi d'une sœur que la maladie condamnait trop souvent à une inaction pénible, le retenait, l'attachait au manoir de ses pères, au salon de la famille dont il était l'ornement par son esprit si fin, si délicat, par sa conversation intéressante et par cette courtoisie parfaite qui le distinguait. Sa santé, il faut bien le dire encore, laissait beaucoup à désirer. Il ne s'en plaignait pas, parce que, chrétien si instruit et si ferme, il savait souffrir, et jamais il n'a fatigué personne de gémissements et de doléances qu'on aurait comprises. Il vivait donc avec joie la vie de famille, toujours appliqué à ses exercices religieux et à l'étude, pour lesquels on peut dire qu'il était passionné. Sans être attaché à quelque emploi, il était toujours occupé.

Malgré son attachement aux murailles du château paternel et à sa bien aimée famille, il dut obtempérer aux conseils de la faculté de médecine et même aux instances de sa bonne mère et de sa sœur, et essayer de refaire sa pauvre santé par des voyages.

Il parcourut l'Allemagne et l'Italie, en compagnie de parents, d'amis distingués et même d'artistes.

N'était-il pas artiste lui-même? Nous ne savons jusqu'à quel point; mais il aimait les arts et montrait un goût exquis à en apprécier les chefs-d'œuvre. Sa chambre de travail était toute remplie d'objets d'art recueillis la plupart dans les excursions lointaines.

L'Italie surtout l'attira par son beau ciel, sa douce temrature dont il espérait un renouvellement de sa constitution, et plus encore par les souvenirs religieux qui sont semés si richement sur son sol privilégié.

Une correspondance active et fréquente le reportait à Vaux et à Paris, pour lui rendre présent tout ce qu'il aimait en ce monde. Il fit à Rome les plus belles connaissance avec lesquelles il entretint les relations les plus intéressantes.

Toutefois sa santé ne s'était guère raffermie ; il se hâta de revenir en France. La révolution de 1848 qui venait d'éclater le tenait en alarme pour sa famille. Il voulait aussi, en bon citoyen, se mettre au service de son pays. On le vit alors oublier ses infirmités et sa faiblesse naturelle. Il endossa vaillamment l'habit militaire et fut nommé officier commandant de la garde nationale pour assurer à Vaux le maintien de l'ordre. Aimé et honoré de tous par son infatigable et gracieuse bienveillance, on l'élut bientôt maire de la commune et, durant quinze ans, il l'administra avec un zèle et un désintéressement au-dessus de tout éloge. Pour lui, chrétien de si bonne roche, l'autorité était le dévouement au service de tout le monde, et avec quel esprit de conciliation il dirigeait les séances du conseil municipal, avec quelle sollicitude il défendait les intérêts de tous et particulièrement des pauvres ! Son attention vigilante se portait avec un soin extrême sur l'école pour soutenir, guider et encourager l'instituteur dans son laborieux et utile ministère.

L'esprit catholique dont il était animé le mettait en éveil continuel sur les événements de Rome et en inquiétude sur le Souverain-Pontife. Nous avons été, en 1848 et 49, le confident édifié de ses transes filiales et de la résolution qu'il prenait d'aller s'offrir à Pie IX. Muni de lettres du général Niel et du général Frossard pour le cardinal Antonelli, il reprit donc le chemin de l'Italie.

Arrivé à Rome, en 1851, après avoir reçu, sans doute,

la bénédiction du Saint-Père et l'avoir entretenu de ses projets, il se mit à l'œuvre et essaya de fonder un Ordre religieux et militaire pour la défense du Chef de l'Eglise. Le succès n'a pas répondu à son zèle et à ses démarches ; mais on peut croire qu'il a donné l'idée de la formation du corps des *zouaves pontificaux*. — Rome lui a dû, à cette époque, la fondation de plusieurs *Conférences* de Saint-Vincent-de-Paul, et il entretenait dans ce but des rapports suivis avec *M. Baudon*, président général de l'œuvre. — On ne saurait croire ce qu'il y avait d'énergie dans ce cœur, habitant d'un corps si débile. Ce que nous avons entendu de sa bouche nous persuade que, soldat, il aurait, dans les combats, déployé un courage de héros.

La plus grande douleur de sa vie est venue l'atteindre le 14 décembre 1865. Nous donnons ici la date de la mort de Mme la baronne FRÉTEAU, sa mère. M. Héracle fut brisé dans son âme si aimante ; la moitié de sa vie lui était enlevée ; mais le chrétien ne fut pas abattu. Tant de bons et saints souvenirs lui restaient dans la mémoire pour lui donner confiance sur le sort éternel de celle qu'il avait tant aimée !… Il les recueillit avec sa piété filiale, les consigna sur une *carte memento*, sur une feuille imprimée, à l'adresse des enfants et des petits-enfants de cette mère incomparable, pour en perpétuer la durée et faire vivre à jamais cette mémoire bénie. Deux colombes y sont représentées au pied d'une croix : nous voyons sous ce double symbole le frère et la sœur si étroitement unis dans la solitude que la mort venait de faire autour d'eux, et dont la douleur n'est consolée que par la croix — *spes unica*.

L'autre frère et l'autre sœur survivants n'étaient pas moins affligés ; mais M. le baron *Emmanuel* FRÉTEAU était marié et déjà père de trois enfants, et Mme la comtesse CAFFARELLI était entourée d'une nombreuse famille.

Nous avons nous-même religieusement conservé ces *mementos* qui nous redisent ce que nous avons vu et admiré avec tant d'édification. C'est un véritable bonheur d'avoir connu une âme si chrétienne !

Nous venons d'esquisser en M. Héracle Fréteau quelques traits de l'*homme du monde* ; c'est la plus notable partie de sa vie qui a passé devant nous puisqu'il comptait 51 ans d'âge ; l'homme du monde, en lui, était si chrétien que, par ses exemples et ses conseils, il était déjà comme un apôtre. Que dirons-nous de sa vie *ecclésiastique ?* Elle n'a pas beaucoup changé ; nous dirions volontiers de lui ce que S. Grégoire de Nazianze a dit de S. Basile : « il était prêtre avant même que d'être prêtre », par ses pieux exemples ; son esprit chrétien a seulement reçu par le sacerdoce un but nettement dessiné et une sphère d'activité plus étendue.

La vocation sacerdotale avait été, nous en sommes convaincu, sa vocation première lorsqu'il put sérieusement penser à une vocation. Des raisons connues de Dieu seul l'ont empêché de la suivre au gré de ses désirs.

Effrayé du vide que la mort de sa mère avait fait autour de lui, il se détermina à se donner à Dieu et à l'Eglise. Les épreuves préparatoires ne l'arrêtèrent pas. A l'âge de plus de cinquante ans, il se fit résolument séminariste, à *Issy* d'abord, puis à *Saint-Sulpice* et à *Annecy*, où la guerre l'obligea de se retirer. Il revint enfin au grand séminaire de Meaux et reçut le sacerdoce dans notre cathédrale à l'ordination du 30 juin 1872.

Parmi les œuvres qui sollicitaient son zèle, il en est une qu'il aimait par dessus toutes : l'instruction chrétienne des jeunes gens et des enfants. Il s'y était appliqué déjà lorsqu'il administrait comme maire la commune de *Vaux-le-Pénil*. L'école le voyait souvent. Ordonné prêtre, Mgr Allou qui l'affectionnait particulièrement se demandait à quelle œuvre il pourrait employer sa bonne volonté plus vigoureuse que sa santé. L'abbé *Fréteau* le tira d'embarras en demandant modestement d'être aumônier de l'école normale primaire de Melun.

Fidèle à cette humble fonction, il y mit tout son cœur et donna aux jeunes gens confiés à ses soins des *Conférences religieuses* qui ont dû leur faire du bien, en éclairant et en fortifiant leur foi. Heureux si la révolution dont nous avons à souffrir n'avait pas, en supprimant l'enseignement chrétien dans les établissements d'instruction publique, mis des entraves à son zèle ! — L'aumônerie fut supprimée à son grand regret.

M. l'abbé Fréteau, toujours affaibli par la maladie, vécut depuis solitaire dans un modeste appartement de *Melun*. La prière et l'étude remplissaient sa vie. Il tâchait selon ses forces de se rendre utile au confessionnal et même au sein de quelques familles amies. Son bonheur était dans la célébration de la sainte messe qu'il s'efforçait de dire chaque jour. Il ne sortait, n'allait en visite que pour rendre quelques services et ses visites étaient de véritables prédications, tant sa bonté de cœur lui inspirait de bonnes paroles de consolation et de résignation chrétienne aux affligés, de charité, de paix et de support mutuel à tout le monde.

— Une congestion cérébrale est venue l'attaquer le 15 ou 16 juin et lui ôter la vue, la parole et le mouvement de ses membres. Le prêtre confident de sa conscience accourut aussitôt pour le munir des secours de la religion et lui parler du ciel. Une grande consolation lui a été ménagée par la Providence : Mgr l'Évêque était de passage à Melun pour la confirmation. A la nouvelle douloureuse qui lui était donnée, Sa Grandeur s'est empressée d'aller visiter le cher malade et de lui donner sa bénédiction paternelle. Il a paru se ranimer et comprendre le bienfait inattendu dont il était favorisé. Sa famille a béni le ciel de cette faveur suprême. Après trois jours de maladie, elle perdait dans l'abbé Héracle FRÉTEAU un conseiller précieux, un ami tendre et dévoué, un modèle de charité, de patience et de piété dont elle n'oubliera jamais les admirables exemples.

Elle perdait... non, non ; il aurait pu dire à tous les siens ce que saint Dominique au lit de mort disait à ses disciples éplorés : « *Ne pleurez pas ; je vous serai plus utile au lieu où je vais que je ne le fus ici* ».

M. l'abbé Héracle *Fréteau de Pény* avait 75 ans et cinq mois ; il était prêtre depuis 17 ans.

J.-H. RABOTIN,
Vicaire général.

Meaux. — A. Le Blondel, imprimeur-libraire de l'Evêché.

www.ingramcontent.com/pod-product-compliance
Lightning Source LLC
LaVergne TN
LVHW010301060726
842527LV00007B/2805